IVO CAMARGO

CARNES COM PRAZER

Acém, Capa de Filé, Costela,
Cupim e Pescoço.

dash editora

Copyright © Ivo Camargo, 2013
Proibida a reprodução no todo ou em parte,
por qualquer meio, sem autorização do editor.
Direitos exclusivos da edição em língua portuguesa no Brasil para:

Silvia Cesar Ribeiro editora e importadora ME.
Rua Rodolfo Troppmair 89 - Paraíso
04001-010 - São Paulo - SP - 11 2667 6314
contato@editoradash.com.br
www.editoradash.com.br

Dados Internacionais de Catalogação na Publicação - CIP

C172 Camargo, Ivo.
Carnes com prazer: Acém, Capa de Filé, Costela, Cupim e Pescoço. / Ivo Camargo. - São Paulo:
Dash, 2013. (Receitas dos Cortes da Carne
Bovina, 3).138p

ISBN 978-85-65056-27-4

1.Gastronomia. 2. Culinária. 3. Receitas. 4. Carne Bovina. 5. Cortes de
Carne Bovina. 6. Acém. 7. Capa de Filé. 8. Costela. 9. Cupim. 10. Pescoço.
I. Título. II. Série. III. Receitas dos Cortes da Carne Bovina.

CDU   641
CDD   640

Catalogação elaborada por Ruth Simão Paulino

1ª edição: novembro de 2013

Agradecimentos

À família: minha esposa, Marialice Alberto Camargo, companheira nas horas boas (muitas) e ruins (poucas); minha filha mais velha, Caroline A. Camargo, parceira no livro e, hoje, uma grande amiga e minha filha Talita A. Camargo, crítica e firme em suas opiniões acerca deste livro. Obrigado por serem minhas "cobaias", em nossos finais de semana no sítio, para o teste das receitas deste livro.

À minha editora, Silvia Ribeiro, uma pessoa que sempre me incentivou a levar o projeto do livro adiante.

A todos os meus amigos e familiares que comigo passaram horas agradáveis e inesquecíveis ao redor de meu fogão e minha churrasqueira em meu sítio.

Prefácio

Sempre acreditei no valor da nutrição para manter a boa forma e a saúde.

A obesidade, assim como as doenças a ela relacionadas, seja o diabetes, a hipertensão arterial, a aterosclerose ou o câncer, só para citar as mais importantes, estão atingindo níveis epidêmicos.

Causas? O binômio falta de atividade física e alimentação inadequada é o responsável direto pelo alto número de pessoas que ficam doentes.

Estamos vivendo uma revolução que ainda está em curso, que é a demonstração científica de que a nutrição tem impacto em quase todas as causas de doenças nas sociedades ocidentais.

Todas as medicinas, quer a tibetana, a chinesa, a aiurvédica ou a greco-romana, já enfatizavam a importância da nutrição em seus textos primitivos. Hipócrates escreveu: "Que a sua comida seja seu tratamento e o seu tratamento, sua comida". Isso há 2.400 anos!

O nome do livro *Carne com prazer* é extremamente oportuno, pois atualmente não se sabe discernir o que é uma carne de qualidade. O uso de carne de animais confinados pode deixar um "gosto de remédio", tornando o prato mais bem elaborado em algo desvalorizado.

Todo chef de cuisine e consumidor precisa estar atento a isso. O primeiro para garantir o êxito de todo o seu trabalho e o segundo para desfrutar de algo realmente saudável e saboroso.

É o mesmo princípio do vinho: é necessário exercitar o paladar e degustá-lo com sabedoria!

Portanto, dê preferência à carne de gado a pasto, e saiba que somos privilegiados, pois 80% do nosso rebanho é criado a pasto, ao contrário do que ocorre na América do Norte, Europa e Austrália.

Agora você talvez entenda porque muitos estudos que condenam a carne não tem sentido para nós, pois não reflete a nossa realidade.

No meu livro Sinal *Verde para a Carne Vermelha*, mostro que a carne não é essa vilã que se prega, mas sim o herói do prato de todo dia, benéfico para gestantes, crianças, adolescentes, adultos e idosos.

O alimento é uma parte crucial das escolhas de estilo de vida aprendidos inicialmente em casa, portanto precisamos nos educar sobre nutrição correta e os perigos de alimentos refinados e industrializados para que possamos mudar a cultura alimentar da nossa família inteira. Dê a seu filho a melhor iniciação e ajude-o a adquirir hábitos saudáveis para o resto de sua vida; você é um exemplo.

A escolha e qualidade dos alimentos tem um papel importante, precisamos fazer das refeições momentos de prazer, degustando com família e amigos. Repare que, nos almoços em família, a imagem das mães e avós na cozinha, sempre vem acompanhada da imagem de um prato, uma receita incrível, só delas, que envolve o uso da carne. Sábias!

Neste livro de receitas incríveis para carnes, podemos perceber o prazer que ela proporciona, desde o seu título. Nas receitas, podemos sentir o prazer do contato no momento do tempero, o entusiasmo no preparo, a excitação na espera em cozer ou assar e a alegria em servi-la.

A carne une as pessoas; ao seu redor, desfruta-se o convívio familiar e dos amigos, como o Ivo Camargo, nos seus finais de semana, quando curte todas as pessoas que ama, ao preparar um bom churrasco ou uma carne ao forno.

Siga esse exemplo. Se você não sabe como começar, este livro, riquíssimo em conteúdo, minimalista e contemporâneo vai fornecer a você vários motivos para se embrenhar no mundo de vários prazeres que a carne proporciona.

Bom apetite e supersaúde!

Dr. Wilson Rondó Jr
Cirurgião vascular e nutrólogo

Introdução

Trabalho há mais de trinta anos no mercado editorial. Desde que iniciei minha carreira, o pessoal do ramo falava que eu era um grande vendedor de livros. Trabalhei nas melhores editoras do Brasil, conhecendo a gastronomia do país inteiro. Desde então, meu olhar despertou interesse para dois assuntos: livros de gastronomia e carnes.

Sempre gostei muito de cozinhar. Tive, na família, bons exemplos: minha mãe, dona Zizi, minha tia Nina e minha avó Marieta. Essas senhoras iam para a cozinha logo cedo, para que o preparo dos pratos se desse lentamente, sem pressa, e sempre preparavam pratos deliciosos e inspiradores. Quando me casei, a família da minha esposa, Marialice, também tinha um histórico de mulheres fabulosas na cozinha, como a minha sogra, dona Cida, e a tia Izabel.

Quando meu pai, Ivo, comprou uma chácara na cidade de Santa Isabel, interior de São Paulo, comecei a experimentar a arte de cozinhar.

Passei a desenvolver receitas que eram passadas por amigos e também a elaborar outras receitas, tendo a aprovação da família e amigos que frequentam a chácara. Essas receitas eram sempre de carnes de diversos modos: churrasco, no forno, na panela etc.

Na chácara, construí um cantinho onde tenho um fogão industrial, um forno de pizza, uma churrasqueira, um forno a lenha, panelas de ferro, caldeirões de alumínio e apetrechos em geral, sem contar os vidrinhos de temperos devidamente identificados.

Eu me sinto muito bem fazendo essas receitas. Sinto um prazer enorme, pois cozinhar, para mim, não é só preparar a comida, mas principalmente reunir os familiares e amigos em volta da mesa, comendo, bebendo, rindo, contando piadas e nos divertindo muito. É uma alegria que enche o estômago e o coração.

Por isso, minha dica é que, pra completar uma boa receita, nunca se esqueça de uma boa pitada de alegria. Faz parte da boa mesa!

Sumário

Prefácio de Dr. Wilson Rondó 005

Introdução 009

Ácem

Afogado com Grão-de-bico.. 020
Acém à Moda Antiga.. 022
Acém ao Forno Combinado... 024
Bolo de Carne Alemão.. 026
Arroz Marroquino.. 028
Picadinho na Abobrinha.. 030
Cozido de Acém e Vagem.. 032
Carne em Flocos de Coco... 034
Bruschetta de Acém Frito.. 036

Risoto de Carne.. 038

Capa de filé

Carne com Molho de Calabresa..................................... 044
Carne à Mineira.. 046
Cozido Brasileiro.. 048
Capa de Filé ao Forno.. 050
Muffin de Carne Moída.. 052
Cubos com Manjericão... 054
Kafta Original... 056
Quibe Árabe Frito.. 058

Costela

Costelas Assadas.. 064
Costelas a La Coreia.. 066
Costela de Boi com Molho de Gengibre............................. 068
Ragout de Costela... 070
Costela Maranello... 072
Costela à Gaucha.. 074
Costela Recheada.. 076
Costela na Imburana... 078
Costela com Geleia de Pimenta..................................... 080
Costela Surpresa.. 082
Costela Desossada Recheada.. 084
Abóbora e Costela da Amizade...................................... 086
Pirão de Costela.. 088

Cupim

Arroz de Forno com Cupim.. 094
Delícia de Cupim... 096
Cupim Avante... 098
Cupim ao Molho Madeira... 100
Cupim Recheado com Provolone.. 102
Cupim na Coca.. 104
Cupim Brasado.. 106
Torta de Cupim... 108
Cupim a Maionese... 110
Cupim ao Leite.. 112
Cupim no Grill.. 114
Cupim Desfiado... 116
Sanduíche de Cupim... 118

Pescoço

Meat Korma	124
Caldo com Pescoço e Massa de Queijos	126
Escaldado	128
Cozido de Pescoço	130
Guisado com Cará	132
Vaca Atolada	134
Sopa de Portugal	136

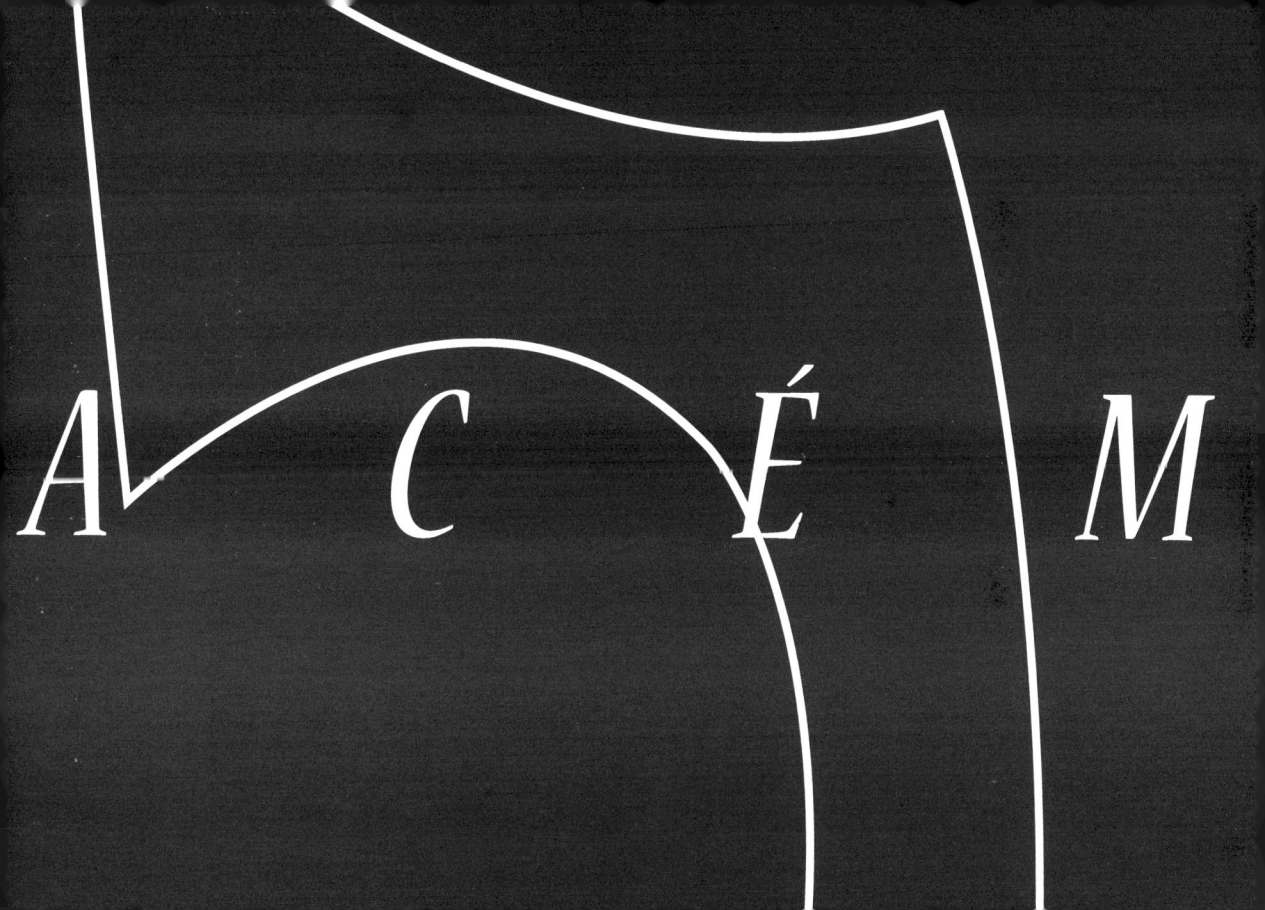

Entendemos por "carne de segunda" aquelas que, em sua maioria, estão situadas no dianteiro do animal, com o corte feito até a quinta vértebra de sua espinha dorsal. Outra característica interessante deste grupo está no fato de ser formado por carnes retiradas de uma parte do animal que é mais exercitada, tendo uma textura mais desenvolvida; mais forte, portanto, menos delicada. São as carnes mais duras e mais ricas em sabor do animal.

Conhecido também como agulha, lombo de agulha, lombo de Acém, lombinho de Acém, tirante ou alcatrinha, o Acém é o maior e mais macio pedaço localizado na parte dianteira do boi. Carne relativamente magra, deve ser cozida, por métodos que empreguem calor úmido para amaciar o tecido conjuntivo. Excelente para cozidos, cozida e assada; refogada e para carne moída, deve ser cozida por calor úmido.

Afogado com Grão-de-bico

INGREDIENTES:

- 1 pedaço de Acém de aproximadamente 1 Kg cortado em pedaços;
- 200 g de grão-de-bico;
- 2 colheres (sopa) de coentro picado;
- 1 ½ xícara de molho de tomate;
- ½ colher (café) de pimenta calabresa;
- 2 cebolas médias fatiadas;
- 1 colher (sopa) de azeite;
- 4 xícaras (chá) de caldo de carne;
- Sal e alho a gosto.

MODO DE PREPARO:

Na véspera do preparo, coloque o grão-de-bico de molho. Em uma panela, cozinhe-o com metade do caldo de carne até ficar macio. Escorra-o, mantenha-o aquecido e reserve o caldo.

Em uma panela de pressão, aqueça o azeite e refogue o alho e a cebola. Junte os pedaços de Acém, o caldo do cozimento do grão-de-bico, a pimenta calabresa, o molho de tomate e o restante do caldo de carne. Tempere com sal e deixe cozinhar por aproximadamente 30 minutos após iniciada a pressão.

Coloque o grão-de-bico em uma travessa. Despeje a carne com o molho por cima e salpique o coentro. Sirva em seguida.

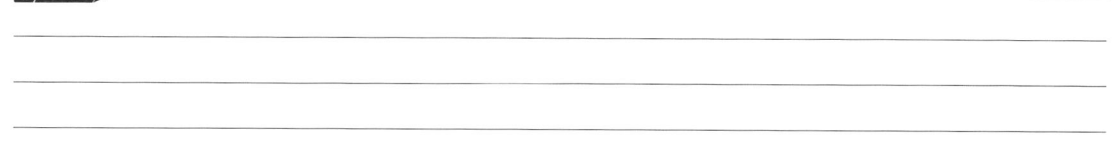

Acém à Moda Antiga

INGREDIENTES:

- 1 pedaço de Acém, sem osso, de aproximadamente 1 Kg;
- 1 colher (sopa) de manteiga ou margarina;
- 3 fatias de bacon picadas;
- 2 cebolas médias picadas;
- 1 ramo de cheiro-verde;
- 1 kg de batata doce frita em rodelas grossas;
- 1 xícara (chá) de vinho branco;
- 1 colher (sopa) de vinagre branco;
- 3 colheres (sopa) de óleo;
- 2 colheres (chá) de colorau;
- 2 dentes de alho socados;
- 1 folha de louro;
- 1 colher (sopa) de sal;

MODO DE PREPARO:

Tempere a carne com o vinho branco, o vinagre branco, o sal, o colorau, o alho e a folha de louro. Deixe tomar gosto por aproximadamente 5 horas na geladeira.

Esquente o óleo com a manteiga ou margarina e doure a carne, bem escorrida. Acrescente a cebola, o bacon e o cheiro-verde, deixando ficar bem puxado. Constipe com a marinada, reduza o fogo, tampe a panela e deixe cozinhar até a carne ficar macia e o molho apurado. Adicione pequenas porções de água quente sempre que o molho engrossar, para não queimar e obter um resultado perfeito. Deve ficar com bastante molho. Sirva a carne fatiada grossa sobre as batatas.

Acém no Forno Combinado

INGREDIENTES:

- 1 pedaço de Acém de aproximadamente 4 Kg;
- 1 xícara (chá) de molho inglês;
- ½ xícara (chá) de talo de coentro picado;
- 1 xícara (chá) de coentro picado grosseiramente (folhas);
- 2 xícaras (chá) de creme de cebola;
- 1 colher (sopa) de alho amassado;
- 4 cebolas médias cortadas em rodelas grossas;
- 2 colheres (chá) de colorau;
- 1 xícara (chá) de óleo;
- Sal e pimenta-do-reino a gosto.

MODO DE PREPARO:

Em um recipiente misture todos os ingredientes, exceto as folhas do coentro e o creme de cebola. Abra a peça do Acém e aplique a mistura de maneira uniforme, massageando bem a carne. Deixe o Acém descansar por aproximadamente 30 minutos, já na própria travessa que irá ao forno. Após passado o tempo, massageie novamente a carne, cubra com papel-alumínio e leve ao forno médio preaquecido por aproximadamente 20 minutos. Tire a carne do forno, verifique o ponto e retorne por mais aproximadamente 15 minutos sem o papel-alumínio. Escorra o caldo que criou durante o período da cocção, e em uma panela misture o creme de cebola mexendo em fogo baixo por aproximadamente 5 minutos. Derrame o molho sobre a carne fatiada, decore com o coentro picado grosseiramente e sirva em seguida.

Bolo de Carne Alemão

INGREDIENTES:

- 1 pedaço de Acém de aproximadamente ½ Kg já moído;
- ½ Kg de carne suína moída (pernil ou palheta);
- 1 colher (chá) de curry;
- 1 colher (chá) de glutamato monossódico (sal sódico);
- 1 colher (sopa) de manteiga;
- 1 colher (chá) de páprica picante;
- 1 colher (sobremesa) de açúcar;
- 250 g de toucinho fresco (sem o couro) moído;
- 1 colher (chá) de pimenta-do-reino preta em pó;
- 1 colher (chá) de pimenta-do-reino branca em pó;
- 1 colher (chá) de noz-moscada em pó;
- 1 colher (chá) de gengibre em pó;
- 1 xícara (chá) de gelo triturado;
- 1 colher (sopa) de sal;
- 1 colher (sobremesa) de sal de cura.

MODO DE PREPARO:

Numa tigela, misture a carne suína moída, a carne bovina moída, o toucinho fresco moído, o gengibre, o curry, o glutamato monossódico, a páprica picante, o açúcar, o sal, o sal de cura, a pimenta-do-reino preta, a pimenta-do-reino branca e a noz-moscada. Divida essa massa em duas partes.

Num processador, coloque uma parte da massa e ligue. Adicione, aos poucos, o gelo triturado. Desligue o processador e transfira esta mistura para uma tigela. Repita a operação, colocando a outra parte da massa no processador e, aos poucos, coloque novamente o gelo triturado. Transfira mistura para a tigela.

Com as mãos, misture bem a massa e transfira para uma fôrma de bolo inglês untada com manteiga. Leve para assar em banho-maria em forno médio por aproximadamente 2 horas e 30 minutos. Sirva em seguida.

Arroz Marroquino

INGREDIENTES:

- 1 pedaço de Acém de aproximadamente 250 g (moído);
- 1 unidade(s) de peito de frango com osso cortado em cubos grandes;
- 5 xícaras (chá) de água;
- 2 colheres (sopa) de azeite;
- 1 colher (sopa) de hortelã picado;
- 1 colher (sopa) de manteiga;
- 250 g de arroz;
- 1 cebola cortada em cubos grandes;
- 1 dente de alho;
- 1 canela em pau;
- Sal e pimenta síria e folhas de hortelã a gosto.

MODO DE PREPARO:

Cozinhe o frango com a cebola, o alho e a canela em pau. Tempere com sal. Depois coe e reserve (elementos sólidos e o caldo). Numa frigideira, esquente o óleo e refogue a carne moída. Tempere com sal e pimenta síria. Quando a carne estiver bem seca, junte a hortelã e misture bem. Reserve. Numa panelinha, refogue o arroz lavado no azeite e na manteiga. Junte a carne moída e misture bem. Adicione o caldo do cozimento do frango e corrija o sal (se necessário). Mexa, tampe a panela e deixe cozinhar por aproximadamente 20 minutos. Depois, coloque o arroz cozido num prato e decore com folhinhas de hortelã. No momento de servir, acompanhe com os cubos de frango.

Picadinho na Abobrinha

INGREDIENTES:

- 1 pedaço de Acém de aproximadamente 250 g moído;
- 1 cenoura média picada;
- 1 batata média cortada em cubos pequenos;
- 50 g de vagem;
- 10 miniabobrinhas;
- 3 colheres (sopa) de azeite;
- 1 cebola picada;
- 1 dente de alho picado;
- 1 envelope de caldo de legumes;
- 1 colher (chá) de páprica picante;
- 1 colher (sopa) de salsa picada.

MODO DE PREPARO:

Em uma panela, aqueça o azeite e refogue a carne até que esteja bem sequinha. Acrescente o alho, o caldo de legumes, a cebola e a páprica e refogue por mais aproximadamente 3 minutos. Junte a batata, a vagem e a cenoura. Corrija o sal. Se necessário, acrescente um pouco de água e cozinhe até que os legumes estejam macios. Lave as abobrinhas e coloque-as em água fervente por aproximadamente 2 minutos, sem deixar que amoleçam demais. Faça uma cavidade nas abobrinhas e retire a polpa com uma colher. Coloque uma porção do picadinho nesta cavidade, salpique salsa e sirva.

Compartilhe sua experiência e opiniões acessando: **ivo.camargojr@gmail.com**

Cozido de Acém e Vagem

INGREDIENTES:

- 1 pedaço de Acém de aproximadamente 600 g cortado em cubinhos;
- ½ kg de batatas descascadas, cortadas em quatro partes;
- 3 tomates cortados em quatro partes;
- 4 colheres (sopa) de creme de leite azedado com 2 colheres (chá) de suco de limão;
- 1 colher (sopa) de farinha de trigo;
- 3 colheres (sopa) de óleo;
- 1 dente de alho amassado;
- 1 cebola média picada;
- ½ litro de caldo de carne;
- ½ kg de vagens limpas, cortadas em pedaços;
- Sal e pimenta-do-reino a gosto.

MODO DE PREPARO:

Em uma panela, doure ligeiramente a carne no óleo, junto com o alho e a cebola. Tempere a gosto com sal e pimenta e acrescente o caldo de carne. Tampe a panela e deixe cozinhar por aproximadamente 50 minutos, ou até a carne ficar macia. Acrescente a batata e a vagem à panela e cozinhe por mais aproximadamente 25 minutos. Nos últimos 10 minutos junte os tomates. Em seguida, misture o creme de leite azedado com a farinha de trigo e acrescente ao cozido. Verifique o tempero e cozinhe em fogo brando, mexendo por mais alguns minutos. Sirva em seguida.

DICA

Para manter a vagem verdinha, antes de seu uso na receita, espere a água ferver, colocar a vagem e mexa por 2 minutos. Escorra e esfrie em água com gelo.

Carne em Flocos de Coco

INGREDIENTES:

- 1 pedaço de miolo de Acém de aproximadamente 1 Kg cortado em cubos médios;
- 1 xícara (chá) óleo de soja;
- 100 g flocos de coco;
- 1 xícara (chá) de água;
- ½ xícara (chá) salsinha picada;
- 2 dentes de alho picadinhos;
- ½ xícara (chá) de vinagre de vinho;
- 2 cebolas médias picadas;
- 250 g farinha de mandioca torrada;
- Sal e pimenta-do-reino a gosto.

MODO DE PREPARO:

Tempere a carne com sal, vinagre, pimenta e alho e deixe tomar gosto.

Transfira o Acém para uma panela de pressão e cozinhe por aproximadamente 30 minutos, após início do chiado, com metade do óleo e água quente. Retire a pressão e a tampa da panela e deixe cozinhar até a água secar totalmente. Desfie a carne, acrescente o óleo restante e frite, dourando bem. Junte as cebolas e refogue mais um pouco. Tire o excesso de gordura e acrescente a salsinha, a farinha e os flocos de coco. Passe metade da farofa com a carne no liquidificador, aos poucos. Misture tudo, acerte o sal e a pimenta e sirva em seguida.

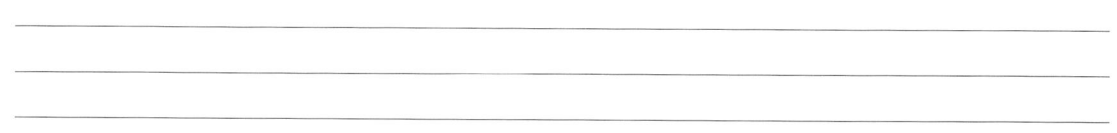

Bruschetta de Acém Frio

INGREDIENTES:

- 1 pedaço de Acém de aproximadamente 800 g;
- 1 tomate médio sem sementes cortado em cubos;
- ½ xícara (chá) de azeitonas pretas picadas;
- ½ xícara (chá) de azeite;
- ½ xícara (chá) de vinagre;
- 1 colher (sopa) de óleo;
- 1 dente de alho;
- 1 ½ xícara (chá) de caldo de legumes;
- 1 cebola média fatiada;
- ½ pimentão verde cortado em tiras;
- ½ pimentão amarelo cortado em tiras;
- ½ pimentão vermelho cortado em tiras;
- 1 baguete de pão italiano;
- Pimenta, folhas de manjericão e salsa picada a gosto.

MODO DE PREPARO:

Em uma panela de pressão, aqueça o óleo, doure o alho e sele a carne. Junte a pimenta e o caldo de legumes. Tampe a panela e deixe cozinhar por aproximadamente 30 minutos após o início da pressão. Desligue o fogo, deixe sair a pressão e verifique se a carne está macia. Deixe esfriar e desfie. Em outra panela aqueça duas colheres (sopa) de azeite e doure a cebola. Junte os pimentões e refogue por aproximadamente 4 minutos. Junte o tomate, a azeitona e misture delicadamente. Adicione a carne desfiada e deixe refogar por mais aproximadamente dois minutos. Desligue o fogo, tempere com o restante do azeite, o vinagre e a salsa. Espere esfriar, arrume sobre fatias de pão italiano e decore com manjericão. Sirva.

Risoto de Carne

INGREDIENTES:

- 1 pedaço de Acém de aproximadamente 750 g;
- 2 dentes de alho socados;
- 1 folha de louro;
- 1 ½ xícara (chá) de arroz cru parboilizado;
- 1 colher (sobremesa) de queijo tipo parmesão ralado;
- ¼ xícara (chá) de pimentão picado;
- 1 xícara (chá) de milho verde escorrido;
- 3 xícaras (chá) de água quente;
- ½ colher (sobremesa) de óleo;
- ½ tablete de caldo de carne desmanchado;
- 1 cebola média picada;
- Pimenta-do-reino a gosto.

MODO DE PREPARO:

Em uma panela de pressão, coloque a carne junto de ½ cebola média picada; 1 dente de alho e a folha de louro. Tempere com a pimenta. Tampe a panela e deixe cozinhar por aproximadamente 50 minutos após o início da pressão. Escorra, deixe esfriar e desfie em tirinhas.

Em outra panela, refogue no óleo o arroz, o restante da cebola e do alho e o caldo de carne. Junte a água quente e deixe em fogo médio até o arroz ficar cozido. Cuidadosamente, adicione à carne, o milho e o pimentão. Deixe cozinhar até secar. Desligue o fogo, salpique o queijo ralado e sirva.

CAPA DE FILÉ

Carne "de segunda", a Capa de Filé é um corte localizado sobre o contrafilé na porção torácica. É saborosa e com grau médio de dureza. Possui textura desigual e grande quantidade de nervos; é coberta por uma espessa camada de gordura e de carne identificada por uma grossa cartilagem que divide a peça. Por todas essas características, pede tempo elevado de cozimento. É indicada para pratos com molho, moída, ensopados e picadinhos.

Carne com Molho de Calabresa

INGREDIENTES:

- 1 pedaço de Capa de Filé de aproximadamente 1,5 Kg;
- 2 calabresas (cortadas em rodelas não muito finas);
- 2 cubinhos de caldo de carne;
- 1 folha de louro;
- 3 colheres (sopa) de azeite;
- 3 xícaras (chá) de água;
- 2 cebolas grandes picadas;
- ½ pimentão verde;
- 2 dentes de alho;
- 3 tomates grandes (sem pele e sem sementes);
- 1 xícara (chá) de extrato de tomate;
- 300 g de queijo muçarela ralado grosso;
- Orégano e rodelas de tomate para enfeitar;
- Pimenta-do-reino a gosto.

MODO DE PREPARO:

Em uma panela de pressão, coloque a carne para fritar com 2 colheres (sopa) do azeite. Depois de dourada por igual, acrescente a folha de louro e cozinhe com a água por aproximadamente 30 minutos após o início do chiado.

À parte, em uma frigideira grande, frite a linguiça. Acrescente a cebola, o alho e deixe dar uma leve dourada. Junte o tomate sem pele e sem sementes, o pimentão e o extrato de tomate, deixe refogar.

Quando a carne estiver cozida, retire-a da pressão e acomode-a em uma fôrma untada com o restante do azeite. Então, coloque o molho de calabresa sobre essa "massa de carne", cubra com o queijo muçarela, o orégano e fatias de tomate. Leve ao forno somente para gratinar e derreter o queijo e sirva em seguida.

Carne à Mineira

INGREDIENTES:

- 1 pedaço de Capa de Filé de aproximadamente 1,5 Kg;
- 1 xícara (chá) de molho inglês
- 3 folhas de louro;
- 5 batatas descascadas e inteiras;
- ½ xícara (chá) de óleo de girassol;
- 2 colheres (sopa) rasas de açúcar refinado;
- 1 alho-poró picado;
- 2 dentes de alho espremidos;
- 2 cebolas médias cortadas grosseiramente;
- ½ pimentão vermelho e ½ amarelo cortados em rodelas;
- 2 colheres (sopa) de sal;
- 4 xícaras (chá) de água quente;
- Pimenta vermelha, noz-moscada e fatias finas de bacon (sem a gordura) a gosto.

MODO DE PREPARO:

Retire o excesso de gordura da carne.

Em uma panela de pressão alta deixe dourar o açúcar no óleo. Em seguida, em fogo baixo, acrescente a carne virando de todos os lados para dourar por igual. Assim que a carne estiver bem dourada (quase escura) acrescente o bacon e deixe fritar por aproximadamente 5 minutos. Junte as cebolas e deixe dourar até que fiquem mais escuras e caramelizadas. Adicione o molho inglês e os demais ingredientes, mexendo sempre para incorporá los. Em seguida acrescente; a água quente e ponha pressão na panela. Deixe cozinhar por aproximadamente 15 minutos após o início do chiado ou até que espetando um garfo a carne esteja macia.

Retire a carne e reserve, coe o caldo e nele acrescente as batatas. Sem colocar pressão e em fogo baixo, deixe que as batatas cozinhem até que dourem por inteiro, colocando mais água se necessário. Fatie a carne e sirva com as batatas e o molho do cozimento.

Cozido Brasileiro

INGREDIENTES:

- 1 pedaço de Capa de Filé de aproximadamente 1,5 Kg cortado em cubos;
- ½ Kg de linguiça de porco cortada em rodelas;
- 1 pedaço de carne-seca dessalgada de aproximadamente ½ Kg cortado em cubos;
- 100 g de toucinho defumado picado;
- 1 abóbora pequena;
- 6 bananas-da-terra;
- 1 maço de cheiro-verde picado;
- 3 cebolas médias picadas;
- 2 dentes de alho picados;
- 2 tomates s/pele n/sementes picados;
- 1 pimentão cortado em tiras;
- ½ repolho grande cortado em 4;
- ½ Kg de mandioca;
- 4 batatas-doces;
- 1 maço de couve sem o talo central das folhas;
- ½ Kg de inhame;
- 2 colheres (sopa) de farinha de mandioca;
- 3 sabugos de milho verde;
- 4 maxixes com a casca raspada.

MODO DE PREPARO:

Em uma panela de pressão grande, derreta o toucinho e refogue o alho e a cebola. Junte a carne e deixe até dourar de todos os seus lados. Junte a carne-seca, o pimentão, o tomate e o cheiro-verde. Refogue por aproximadamente 5 minutos. Acrescente o milho já retirado do sabugo, o maxixe, o jiló, o quiabo, o inhame, as batatas-doces, a mandioca e a abóbora (tudo cortado em pedaços médios). Cubra os ingredientes com água, corrija o sal e tempere com as pimentas. Quando levantar fervura, tampe a panela e deixe na pressão por aproximadamente 50 minutos. Abra a panela e com uma escumadeira, retire a carne, a linguiça e os legumes. Arrume em um refratário grande.

No líquido que sobrou, cozinhe o repolho, as folhas de couve e a banana por aproximadamente 25 minutos. Retire o repolho e as bananas e arrume junto à carne. Cubra com as folhas de couve.

Ferva o líquido que restou na panela. Polvilhe farinha de mandioca mexendo rapidamente para engrossar um pouco. Despeje o molho sobre o prato e sirva em seguida.

Capa de Filé ao Forno

INGREDIENTES:

- 1 peça de Capa de Filé inteiro;
- 1 envelope de Sazon sabor carne;
- Suco de 2 limões;
- 3 dentes de alho picados pequenos;
- 1 cebola média picadinha em quadradinho;
- 1 maço de cebolinha picada.

MODO DE PREPARO:

Forre o fundo de uma fôrma com papel-alumínio e reserve.

Dissolva o envelope de Sazon no suco de limão, misture a cebola e tempere a carne.

Jogue a cebolinha por cima da carne, cubra com papel-alumínio e leve à geladeira de um dia para o outro.

No outro dia, jogue o alho por cima da carne.

Transfira a carne para a fôrma reservada e asse, com o papel-alumínio por cima, por aproximadamente 40 minutos. Retire o papel-alumínio da cobertura e deixe por mais aproximadamente 10 minutos no forno.

Sirva quente.

Muffin de Carne Moída

INGREDIENTES:

- 1 pedaço de Capa de Filé de aproximadamente 250 g moído cru;
- 2 batatas médias cozidas e amassadas (200 g);
- 2 colheres (sopa) de queijo parmesão ralado;
- 5 colheres (sopa) de farinha de trigo sem fermento;
- 1 cenoura pequena ralada;
- ½ xícara de creme de leite;
- 1 colher (sopa) de salsinha picada;
- 1 ovo grande;
- Sal, azeitonas verdes picadas e pimenta-do-reino a gosto.

MODO DE PREPARO:

Misture em uma vasilha todos os ingredientes da receita até obter uma mistura homogênea.

Distribua a massa em forminhas para muffin, untadas e enfarinhadas com farinha de trigo.

Leve ao forno e asse por aproximadamente 35 minutos em forno médio preaquecido. Quando estiverem dourados, retire e sirva ainda quente.

Se preferir, você ainda pode trocar a azeitona por outros ingredientes como milho cozido ou linguiça calabresa picadinha. Se gostar de cebola, também vale picá-la miudinha e misturar à massa.

DICA

O ideal é adicionar a batata cozida morna, pois se ela estiver fumegando, pode alterar os demais ingredientes da receita na hora da mistura.

Cubos com Manjericão

INGREDIENTES:

- 1 pedaço de Capa de Filé de aproximadamente ½ Kg cortado em cubos;
- 3 cebolas grandes, 1 ralada e 2 cortadas em rodelas;
- 8 dentes de alho amassados;
- 4 folhas de manjericão frescas;
- 1 colher (sopa) de vinagre;
- 4 folhas de louro;
- 4 colheres (sopa) de óleo;
- Sal, salsinha picada e pimenta-do-reino a gosto.

MODO DE PREPARO:

Tempere a carne com o vinagre, o alho, a cebola ralada, sal, pimenta-do-reino e folhas de manjericão e louro. Coloque uma panela de pressão sem óleo no fogo para esquentar um pouco. Quando estiver quente, coloque o óleo e deixe ficar bem quente. Coloque as rodelas de cebola e deixe-as dourarem bem.

Acrescente a carne e mexa bem. Deixe-a soltar a água e pegar um pouco de cor (não fritar) e tampe a panela de pressão, deixando-a por 25 minutos (depois de pegar pressão) no fogo. Depois, retire a pressão e destampe a panela para poder salpicar as folhas de salsinha bem picadinhas e servir em seguida.

Kafta Original

INGREDIENTES:

- 1 pedaço de Capa de Filé de aproximadamente ½ Kg moído 2 vezes;
- 1 colher (chá) de zaatar libanês;
- 1 colher (chá) de pimenta síria;
- Suco de ½ limão;
- 1 ovo;
- 1 cebola ralada;
- 2 colheres (sopa) de hortelã picada;
- 1 colher (sopa) de salsinha picada;
- Palitos de churrasco;
- Sal e cominho em pó a gosto.

MODO DE PREPARO:

Em uma vasilha, junte a carne já moída, a cebola, a hortelã, a salsinha, o zaatar libanês, a pimenta síria, o suco de limão, e o ovo. Tempere a mistura com cominho e sal. Misture bem até atingir consistência de massa.

No palito de churrasco, coloque pequenas porções (cerca de 70 g) e modele em formato de salsicha. Leve à grelha da churrasqueira por aproximadamente 20 minutos, virando sempre; ou até atingir o ponto desejado. Sirva em seguida.

Compartilhe sua experiência e opiniões acessando: **ivo.camargojr@gmail.com**

Quibe Árabe Frito

INGREDIENTES:

- 1 pedaço de Capa de Filé de aproximadamente 300 g moído fino;
- 1 peça de patinho de aproximadamente 1 Kg moída 2 vezes;
- 1 Kg de trigo fino escuro;
- ½ maço de hortelã fresca;
- 2 colheres (sopa) de manteiga;
- 3 cebolas brancas médias picadas;
- 1 litro de óleo para fritar;
- Sal e tempero árabe a gosto.

MODO DE PREPARO:

Para preparo do recheio, em uma panela, doure a manteiga e acrescente a Capa de Filé moída. Tempere com sal e o tempero árabe. Ainda com a carne mal passada, acrescente 1 ½ cebola até obter uma mistura homogênea. Reserve.

Para a massa, lave o trigo e deixe de molho, com pouca água, por aproximadamente 1 hora. Passe o patinho já moído, juntamente com o trigo, o restante da cebola e a hortelã, no moedor de carne novamente, por mais 2 vezes. Corrija o sal e tempere com os temperos árabes.

Para preparar os quibes, faça bolas pequenas, fure cada uma com o dedo e adicione o recheio. Feche em formato de quibe.

Para fritar, coloque os quibes no óleo bem quente e retire quando estiverem dourados. Sirva como aperitivo.

COSTELA

Parte constituída de músculos e fibras grossas e compridas que inicia no meio do peito do boi e acompanha o osso que vai até o contrafilé. Osso e gordura são os responsáveis pela maciez e sabor característicos desta que é considerada uma das melhores partes do boi. Seu sabor recebe influência dos sabores dos gases e das vísceras do animal. Há dois tipos de Costela: a minga ou minguinha, como é carinhosamente chamada, e a Costela de ripa ou ripa de Costela, segundo outros.

A Costela de Ripa é também conhecida como Costela do dianteiro, ripa de Costela e assado. É a parte superior da caixa torácica do bovino, junto ao dorso e à coluna vertebral. Apresenta, portanto, ossos maiores e mais largos, e carne um pouco mais seca do que a Costela ponta de agulha ou Costela minga. Pode ainda ser chamada de asado ou asado de tira (espanhol), plat-de-côtes (francês) ou short ribs (inglês).

A Minga, também conhecida como Costela ponta de agulha ou capa do bife, sai da parte inferior da caixa torácica do bovino, tendo, portanto, ossos mais finos e bastante cartilagens. É mais entremeada de carnes e gorduras, terminando na fraldinha. É conhecida como tapa de bife (espanhol), flanchet (francês) ou cube roll cover (inglês).

Costelas Assadas

INGREDIENTES:

- 1 pedaço de Costela de ripa de aproximadamente 1 Kg;
- ¾ xícara (chá) de água;
- ½ xícara (chá) de xerez;
- ½ xícara (chá) de gengibre moído;
- ½ xícara (chá) de molho de soja;
- 1 dente de alho bem picado;
- ¼ colher (chá) de tomilho;
- ¼ colher (chá) de orégano;
- ¼ colher (chá) de pimenta vermelha em pó;
- ¼ colher (chá) de páprica;
- ½ colher (chá) de alho em pó;
- ½ colher (chá) de cebola em pó;
- 2 xícaras (chá) de farinha de trigo;
- Sal e pimenta-do-reino a gosto.

MODO DE PREPARO:

Corte as Costelas em porções individuais e tempere com sal e pimenta-do-reino.

Misture a farinha com a cebola e o alho em pó, a páprica, a pimenta vermelha, o orégano e o tomilho para polvilhar nas Costelas. Organize os pedaços em uma travessa e leve ao forno médio preaquecido até dourarem.

À parte, faça uma mistura com o alho, o molho de soja, o gengibre, o açúcar, o xerez e a água e despeje sobre as Costelas. Cubra a travessa com papel-alumínio, reduza um pouco a temperatura do forno e asse por aproximadamente 2 horas. Descubra a travessa e sirva em seguida.

Costelas a La Coreia

INGREDIENTES:

- 1 pedaço de Costela de ripa de aproximadamente 1 Kg cortado em pedaços;
- 1 colher (sopa) de molho de soja;
- 1 colher (sopa) de açúcar;
- 1 colher (chá) de sementes de gergelim;
- 2 chalotas, cortadas em pedaços de aproximadamente 5 cm;
- 2 cogumelos grandes, bem picados;
- 2 dentes de alho, bem picados;
- 4 xícaras (chá) de água fria.

MODO DE PREPARO:

Coloque as Costelas em uma panela com tampa. Cubra com água e coloque para ferver. Tampe e cozinhe por aproximadamente 2 horas ou até que o líquido esteja reduzido pela metade e a carne esteja macia.

Junte delicadamente o resto dos ingredientes e cozinhe por mais aproximadamente 15 minutos.

Retire os pedaços de Costela, escorra bem, despeje sobre eles o molho formado e sirva em seguida.

DICA

Para dar um toque especial à receita, utilize o gergelim preto. Antes de acrescentá-lo na receita, faça uma mistura conhecida como gersal (gergelim + sal), dando origem a um tipo de tempero que é muito benéfico ao organismo humano.

Costela de Boi com Molho de Gengibre

INGREDIENTES:

- 1 pedaço de Costela minga de aproximadamente 1,5 kg cortado em pedaços;
- 1 cebola em rodelas grossas;
- 1 xícara (café) de molho de soja;
- 1 colher (sobremesa) rasa de maisena;
- 1 xícara (chá) de cebolinha verde picada;
- 4 dentes de alho amassados;
- Suco de 1 limão;
- 2 xícaras (chá) de água;
- ½ xícara (chá) de óleo;
- 1 gengibre de 2 cm picado;
- Sal e pimenta-do-reino a gosto.

MODO DE PREPARO:

Tempere a carne com a pimenta, o limão, o alho e o sal. Coloque-a em uma panela de pressão com a água. Cozinhe por 25 minutos depois que pegar pressão, ou até a carne ficar macia e soltar do osso. Retire os ossos e reserve a carne. Aqueça o óleo e ponha a carne. Junte o gengibre e a cebola e refogue por aproximadamente 5 minutos. Adicione o molho de soja misturado com a maisena e a cebolinha. Deixe ferver e sirva em seguida.

DICA

Para extrair mais suco do limão, coloque-o, antes do uso, no micro-ondas por 10 a 15 segundos.

Ragout de Costela

INGREDIENTES:

- 1 pedaço de Costela de ripa de aproximadamente 3 Kg cortado em pedaços;
- 2 colheres (sopa) de queijo parmesão ralado;
- 4 xícaras (chá) de fubá;
- 2 tabletes de caldo de carne dissolvidos em 2 litros de água quente;
- 2 xícaras (chá) de vinho branco;
- ½ xícara (chá) de cebola ralada;
- 2 colheres (sopa) de manteiga;
- 2 colheres (sopa) de salsa cortado em cubos;
- 1 ½ Kg de tomate pelado cortado em cubos;
- 9 fatias de presunto cru;
- 4 talos de aipo cortados em cubos;
- 3 dentes de alho;
- 1 cebola média;
- ½ xícara (chá) de azeite;
- 100 g de farinha de trigo;
- Sal, tomilho, manjerona e pimenta-do-reino a gosto.

MODO DE PREPARO:

Tempere a Costela com sal e pimenta e passe os pedaços na farinha de trigo e leve-os para dourar em uma frigideira com 2 colheres (sopa) de azeite. Reserve.

Em uma panela de pressão, refogue metade da cebola e o alho no restante do azeite e acrescente os legumes ao refogado. Deixe no fogo até que murchem. Adicione a Costela, o tomilho, o presunto cru, o vinho branco, o tomate, 1 litro de caldo de carne e a manjerona. Deixe cozinhar por 3 horas após o início da pressão. Desosse a Costela eliminando as partes com gordura e os nervos restantes.

Passe o molho do cozimento em uma peneira e leve novamente ao fogo para engrossar. Adicione a Costela desfiada e mantenha aquecido.

Para o preparo da polenta, derreta a manteiga em uma panela e refogue o restante da cebola até dourar. Em fogo baixo, acrescente ½ litro do caldo de carne morno. Junte o fubá mexendo bem para não empelotar. Aumente o fogo para médio e acrescente, aos poucos, o caldo de carne restante. Mexa sem parar ou até obter uma polenta consistente. Acrescente o queijo e tempere com sal e pimenta-do-reino.

Para montagem do prato, coloque, por baixo, 1 colher bem cheia de polenta e, por cima, a mistura de Costela com seu molho. Sirva em seguida.

Costela Maranello

INGREDIENTES:

- 1 pedaço de Costela minga pesando aproximadamente 2 Kg;
- 1 colher (café) de pimenta-do-reino preta moída;
- 1 colher (café) de sal;
- 1 xícara (chá) de sal grosso;
- 1 xícara (chá) de vinho tinto seco;
- 1 ½ xícara (chá) de creme de leite fresco;
- 1 colher (sopa) de páprica picante;
- 3 colheres (sopa) de azeite de oliva;
- ½ cebola média descascada e picada miudinho;
- 1 dente de alho descascado e amassado.

MODO DE PREPARO:

Tempere a Costela apenas com o sal grosso massageando a carne. Deixe descansar em temperatura ambiente por aproximadamente 30 minutos. Depois, embrulhe a peça em 6 voltas de celofane especial para churrasco e leve à churrasqueira a uma distância de 50 cm do braseiro durante aproximadamente 5 horas com a parte dos ossos virada para baixo. Vire a peça e mantenha no fogo por mais aproximadamente 30 minutos.

Durante o período do cozimento da carne, prepare o molho. Aqueça o azeite de oliva em uma frigideira e refogue a cebola e o alho até que fiquem dourados. Acrescente o vinho e a páprica. Tempere com a pimenta-do-reino e o sal e mexa bem. Por último, coloque o creme de leite e deixe em fogo baixo por aproximadamente 5 minutos. Evite deixar ferver. Fatie a Costela e sirva guarnecida com o molho.

Costela à Gaucha

INGREDIENTES:

- 1 pedaço de Costela de ripa de aproximadamente 2 Kg;
- 2 colheres (sopa) de molho inglês;
- ½ xícara (chá) de sal grosso;
- 2 colheres (sopa) de mostarda escura.

MODO DE PREPARO:

Misture o molho inglês, a mostarda e o sal grosso. Espalhe essa mistura por toda a superfície da Costela, somente 20 minutos antes de levá-la ao fogo. Envolva a Costela em 5 camadas de celofane e amarre as duas extremidades, também com o papel celofane. Isso fará com que o suco não saia e caia no braseiro.

Coloque a carne na grelha da churrasqueira, em sua parte mais alta (a Costela deve ficar a 60 ou 70 cm do braseiro), e deixe assar por aproximadamente 3 horas. Passado esse tempo, retire o assado da grelha e elimine o celofane. Retorne a Costela à churrasqueira e deixe-a dourar por aproximadamente 20 minutos dos dois lados. Sirva em seguida.

Costela Recheada

INGREDIENTES:

- 1 pedaço de Costela de ripa de aproximadamente 2 Kg;
- 1 litro de vinho branco seco;
- 150 g de presunto cru;
- 150 g de bacon magro;
- 150 g de linguiça calabresa fresca;
- ¼ xícara (chá) de ramo de salsa;
- 1 colher (sopa) de alecrim fresco;
- ½ xícara (chá) de sal grosso;
- Pimenta tabasco a gosto.

MODO DE PREPARO:

Abra a Costela entre o osso e a carne sem furar. Tempere com sal grosso, alecrim, salsa e tabasco.

Moa o bacon, o presunto e a linguiça. Recheie a Costela com essa mistura e costure a parte aberta com barbante de cozinha. Regue com o vinho.

Enrole a Costela no celofane com 6 voltas. Amarre as extremidades para não escapar o sumo.

Coloque a peça na parte mais alta da churrasqueira com o osso virado para baixo e asse por cerca de 3 horas. Retire o celofane e deixe a Costela no fogo até que os ossos se soltem da carne. Corte em fatias e sirva em seguida.

Costela na Imburana

INGREDIENTES:

- 1 pedaço de Costela de ripa de aproximadamente 4 Kg;
- 2 pimentões sem sementes processados;
- 2 tomates sem sementes processados;
- 5 xícaras (chá) de água;
- 1 xícara (chá) de vinagre;
- ½ xícara (chá) de óleo;
- 4 cebolas médias picadinhas;
- 3 dentes de alho amassados;
- ½ colher (sopa) de noz-moscada ralada;
- 1 semente de imburana esmagada;
- Sal grosso a gosto.

MODO DE PREPARO:

Misture todos os ingredientes, com exceção dos tomates e dos pimentões. Coloque a Costela nessa mistura e deixe marinar por aproximadamente 2 horas. Tire a Costela do tempero e passe o tomate e o pimentão por toda a carne. Leve a peça à churrasqueira na altura média (50 cm) e, de 10 em 10 minutos, aproximadamente, regue-a com o tempero da marinada. Deixe assar por aproximadamente 3 horas. Sirva em seguida.

Compartilhe sua experiência e opiniões acessando: **ivo.camargojr@gmail.com**

Costela com Geleia de Pimenta

INGREDIENTES:

- 1 pedaço de Costela minga de aproximadamente 2 Kg;
- 1 vidro de geleia de pimenta;
- 2 colheres (sopa) de mel;
- ½ xícara (chá) de cebolinha picada;
- 3 dentes de alho picados;
- 1 cebola roxa média ralada;
- 2 xícaras (chá) de suco de acerola concentrado;
- Sal a gosto.

MODO DE PREPARO:

Em um refratário grande, junte o suco de acerola, o alho, a cebolinha, a cebola e o mel. Tempere com sal. Coloque a Costela nessa marinada, cubra com filme plástico e deixe tomar gosto, na geladeira, por aproximadamente 4 horas. Leve a peça à churrasqueira para grelhar por aproximadamente 3 horas. Corte a Costela entre os ossos e sirva coberta com geleia de pimenta.

Costela Surpresa

INGREDIENTES:

- 1 pedaço de Costela minga de aproximadamente 7 Kg já desossado;
- 1 pedaço de patinho de aproximadamente 2 Kg cru e já moído;
- ½ colher (sopa) de açafrão;
- 2 cenouras grandes cortadas em tiras;
- 8 fatias de bacon;
- 15 azeitonas pretas sem caroço;
- 3 dentes de alho picados;
- 1 xícara (chá) de ervilha crua;
- 1 cebola grande fatiada;
- 2 tomates grandes picados em quadrados;
- 1 xícara (chá) de salsinha picada;
- 1 colher (sopa) de sal fino;
- 1 xícara (chá) de sal grosso;
- Pimenta-do-reino moída a gosto.

MODO DE PREPARO:

Tempere a Costela com sal grosso nos dois lados da manta de carne. Reserve.

Para o recheio da carne, em uma vasilha, coloque a carne moída e a ela misture o sal fino, a salsinha, os pedaços de tomate, a pimenta-do-reino, o açafrão, o alho e a cebola. Misture até obter uma massa temperada de maneira uniforme.

Deixe o lado da manta de gordura da Costela, o matambre, virado para cima, espalhe sobre ela as ervilhas, as cenouras, as azeitonas pretas e as tiras de bacon. Por cima de tudo, espalhe a massa moída. Em seguida, enrole a peça como se fosse um rocambole, tomando cuidado para não deixar o recheio vazar pelas laterais. Amarre bem o rocambole formado com um barbante de cozinha, e enrole-o em dez voltas de celofane e coloque em uma assadeira.

Leve ao forno preaquecido pelo tempo de 3 horas e 30 minutos, retire o celofane e volte com a peça para o forno por mais 15 minutos, só para dourar. Em seguida é só servi.

Costela Desossada

INGREDIENTES:

- 1 pedaço de Costela minga de aproximadamente 4 Kg já desossado;
- 1 cenoura grande picada;
- 1 pimentão verde sem sementes picado;
- 150 g de queijo prato ralado;
- 2 gomos de linguiça toscana sem pele esmigalhados;
- Sal, ramos de alecrim e pimenta-do-reino a gosto.

MODO DE PREPARO:

Tempere a Costela com sal e pimenta. Espalhe o queijo prato ralado, a linguiça, o pimentão e a cenoura no centro da carne e enrole como rocambole. Prenda com palitos de dente ou amarre com barbante culinário e coloque a peça em uma forma média. Cubra com papel-alumínio e leve ao forno médio, preaquecido, por aproximadamente 1 hora e 30 minutos. Retire o papel-alumínio e asse a carne por mais aproximadamente 30 minutos, agora em forno alto, para dourar. Retire a forma do forno e deixe descansar por aproximadamente 15 minutos. Coloque a carne em uma travessa, fatie, decore com ramos de alecrim e sirva.

Abóbora e Costela da Amizade

INGREDIENTES:

- 1 pedaço de Costela minga de aproximadamente 2 Kg desossado;
- 4 colheres (sopa) de azeite;
- 6 pães italianos inteiros redondos cortados;
- ½ abóbora japonesa picada com casca;
- 2 cabeças de alho-poró com os dentes descascados;
- 1 cebola grande picada;
- 1 cenoura grande cortada em rodelas;
- 300 g de mandioquinha;
- 100 g de vagem palito;
- 300 g de queijo parmesão ralado;
- 300 g de queijo muçarela ralado;
- 2 colheres (sopa) de manteiga;
- Sal, cheiro-verde, orégano, curry e noz-moscada a gosto.

MODO DE PREPARO:

Em uma panela de pressão, coloque a manteiga, 2 colheres (sopa) de azeite, uma cabeça de alho-poró picada e a cebola. Deixe dourar por aproximadamente 7 minutos. Acrescente a Costela e frite junto com a cebola até a carne dourar por fora. Adicione a abóbora, a cenoura, a mandioquinha e a vagem palito. Corrija o sal e tempere com orégano, curry e noz-moscada. Tampe a panela e deixe cozinhar por aproximadamente 50 minutos após o início da pressão.

Durante esse tempo, frite o restante do alho no que restou do azeite até o mesmo dourar. Guarde o azeite que foi usado para fritar o alho. Abra o pão italiano por cima e forre com a muçarela por dentro.

Ao abrir a panela de pressão, mexa com colher de pau até a abóbora se desfazer e formar um creme. Ao concluir, adicionar o cheiro-verde. Coloque a sopa dentro do pão italiano já preparado; junte o azeite que foi usado para fritar o alho. Cubra com o parmesão, tempere com orégano por cima do queijo e leve ao forno alto por aproximadamente 10 minutos. Sirva em seguida.

Pirão de Costela

INGREDIENTES:

- 1 pedaço de Costela de ripa de aproximadamente 2 Kg cortado em pedaços pequenos;
- 3 tabletes de caldo de carne;
- 1 cebola grande picada em cubinhos;
- 2 colheres (sopa) de farinha de mandioca;
- 1 caixa pequena de ovos de codorna;
- 3 folhas de louro;
- 1 litro de água;
- Sal, alho, lírio, cebolinha, salsa e corante a gosto.

MODO DE PREPARO:

Frite para dourar a Costela de boi com sal, alho, lírio, cebolinha, salsa e corante em uma panela separada. Depois de frita, coloque a carne em uma panela de pressão com água até tampar totalmente a carne e deixe cozer na pressão por aproximadamente 50 minutos. Após cozida e bem molinha a ponto de quase desmanchar, retire essa carne do caldo que sobrou da panela de pressão.

Nesse caldo faremos um pirão acrescentando farinha de mandioca aos poucos e mexendo bem em fogo baixo até engrossar.

Cozinhe os ovos de codorna.

No momento de servir, faça a montagem em um prato de tamanho médio. Coloque o pirão no fundo de todo o prato e um pedaço de carne e quatro ovinhos de codorna ao lado; salpique a cebolinha verde picadinha e decore com um galho de salsa. Sirva em seguida.

CUPIM

Cupim é uma carne diferente das outras: é aquele "cocuruto" ou giba formado no dorso dianteiro do gado. Define-se como o conjunto de fibras musculares, entremeadas de gordura, situadas logo atrás do Pescoço de bovinos de raça, ou cruza, zebuína (o zebuíno é um gado indiano e seu maior representante no Brasil é o Nelore). Por este motivo, não é conhecido nem por nossos vizinhos (argentinos e uruguaios) nem por europeus ou americanos, já que raças produzidas nesses países são de origem europeia.

Possui um sabor único e acentuado por ser uma bola de carne muito gordurosa e, curiosamente, uma carne dura(e se for magra e ainda mais dura).

Há quem acuse o Cupim de ser uma carne indigesta e com grande risco à saúde por localizar-se em um dos locais, no boi, de maior incidência de infecções por parasitas. Por isso, cabe salientar que a carne de Cupim não tem nada que possa ser prejudicial à saúde, exceto a quantidade de gordura (pesada e que coagula muito rapidamente lembrando um sebo), e é por esse motivo que deve ser consumida com moderação.

Arroz de Forno com Cupim

INGREDIENTES:

- 1 peça de Cupim de aproximadamente 1,2 Kg;
- 1 litro de água;
- 1 colher (sopa) de manteiga;
- 2 colheres (sopa) de farinha de trigo;
- 1 pimentão verde picado;
- 1 xícara (chá) de ervilha fresca;
- 5 xícaras (chá) de arroz cozido;
- 300 g de provolone cortado em cubos;
- 4 dentes de alho;
- 1 cebola média picada;
- ¾ xícara (chá) de suco de laranja;
- ¾ xícara (chá) de molho de soja;
- ¾ xícara (chá) de vinho tinto;
- ½ xícara (chá) de azeite;
- 1 folha de louro
- ½ colher (café) de pimenta calabresa seca.

MODO DE PREPARO:

Coloque o Cupim na panela de pressão e junte o alho, a cebola, o suco de laranja, o molho de soja, o vinho, o azeite, a folha de louro, a pimenta calabresa seca e a água. Deixe cozinhar, após o início do chiado, por aproximadamente 2 horas ou até que a carne esteja macia. Retire a carne da panela, desfie e reserve. Para o molho, derreta a manteiga e acrescente a farinha de trigo. Aos poucos, coloque o caldo reservado da panela de pressão e cozinhe até encorpar. Então, acrescente a carne desfiada, o pimentão e a ervilha. Misture bem e num refratário junte o arroz já pronto e os pedaços de queijo. Leve ao forno médio para derreter. Sirva em seguida.

DICA

O arroz ficará mais gostoso se depois de pronto você colocar um pedaço de manteiga e misturar com um garfo.

Delícia de Cupim

INGREDIENTES:

- 1 pedaço de Cupim de aproximadamente 600 g;
- 1 colher (sopa) de mostarda;
- 1 colher (sopa) de molho inglês;
- 1 colher (sopa) de fondor;
- 2 colheres (sopa) de óleo;
- 1 litro de água;
- 1 litro de leite;
- 3 dentes de alho amassados;
- 1 cebola grande ralada e coada;
- 1 colher (sopa) de sálvia;
- ½ colher (chá) de açúcar.

MODO DE PREPARO:

Tempere bem o Cupim inteiro com a cebola, o alho, a mostarda, o molho inglês, o fondor e a sálvia. Deixe o tempero de um dia para o outro. De vez em quando, vire o Cupim para pegar gosto.

No dia seguinte, coloque o Cupim para cozinhar na panela de pressão por aproximadamente 40 minutos após o início do chiado e acrescente o leite e a água. Retire a pressão da panela, abra e coe para a retirada de toda a gordura. Reserve o caldo.

Em outra panela, coloque o óleo, o açúcar e o Cupim. Frite sem parar de mexer pingando, de vez em quando, o caldo reservado até que o escurinho do fundo da panela se solte. Retire o Cupim, escorra a gordura e volte o restante do caldo reservado para essa panela. Deixe ferver.

Corte o Cupim em fatias finas, coloque em uma travessa pré-aquecida no bafo de uma panela. Jogue o molho restante por cima da carne já fatiada e sirva.

Cupim Avante

INGREDIENTES:

- 1 pedaço de Cupim de aproximadamente 500 g cortado em fatias;
- 2 cenouras cortadas;
- ½ abóbora japonesa cortada em cubos médios;
- 1 mandioca cortada;
- 1 tablete de caldo de carne
- 1 litro de leite
- Sal e alho a gosto.

MODO DE PREPARO:

Tempere a carne com alho e sal e frite-os até dourar.

Coloque a abóbora, a cenoura e a mandioca e, por último, o caldo e cozinhe por aproximadamente 20 minutos. Acrescente a carne e deixe cozinhar até ficar macio. Retire o caldo e doure-o por mais aproximadamente 20 minutos.

Bata no liquidificador o leite com a mandioca, a cenoura, a abóbora e um pouco do caldo do cozimento. Jogue essa mistura por cima do Cupim e sirva.

DICA

Caso você perceba que exagerou no alho no momento do tempero, a solução é a seguinte: separe alguns talos de salsinha e coloque na panela no momento do cozimento. A salsinha absorverá o gosto forte do alho.

Cupim ao Molho Madeira

INGREDIENTES:

- 1 pedaço de Cupim de aproximadamente 1,5 Kg;
- 1 colher (sopa) de molho inglês;
- ¾ xícara (chá) de vinho tinto seco;
- ½ galho de salsão picado;
- 1 folha de louro;
- ½ cenoura média picada;
- 1 dente de alho picado;
- ½ cebola média picada;
- ½ colher (sopa) de margarina;
- Celofane;
- Sal fino e grosso a gosto.

MODO DE PREPARO:

Tempere a carne com sal grosso e enrole no celofane – dê, pelo menos, 3 voltas de papel no Cupim – e amarre bem as pontas de modo que fique como uma "bala". Espete a peça de Cupim inteira em um espeto grande. Coloque para assar na churrasqueira por aproximadamente 3 horas virando sempre.

Comece a preparar o molho aproximadamente na metade do tempo de cozimento da carne. E em uma panela, coloque a cebola, a margarina, o alho, o salsão, a cenoura e a folha de louro. Frite bem as cenouras e a cebola. Acrescente o molho inglês e o vinho. Corrija o sal. Cozinhe por aproximadamente 1 hora, em fogo baixo, ou até o molho ficar bem grosso. Quando reduzir o molho, bata no liquidificador. Em seguida, volte-o à panela por mais alguns minutos para engrossar.

Nesse momento o Cupim também deve estar pronto. Com cuidado, retire o celofane e lave a peça para retirar o excesso de gordura em volta da carne. Corte o Cupim em tiras, cubra com o molho e sirva.

Cupim Recheado com Provolone

INGREDIENTES:

- 1 pedaço de Cupim de aproximadamente 3,5 Kg;
- 800 g de provolone cortados em tiras como "batata palito";
- 4 dentes de alho triturados;
- 1 xícara (chá) de sal grosso.
- Celofane.

MODO DE PREPARO:

Com o auxílio de uma faca fina e bem afiada, faça alguns furos na peça de Cupim e retire as tiras de carne de dentro dos buracos feitos. Tempere a peça com o sal grosso misturado ao alho triturado e preencha os buracos feitos com os "palitos" de provolone. Embrulhe a carne no celofane (aproximadamente 6 voltas ao redor da carne). Leve a peça para a grelha a uma distância aproximada de 60 cm do braseiro vivo e por aproximadamente 4 horas. Vire a peça 1 vez a cada hora. Depois, retire o celofane e devolva a peça ao fogo por mais aproximadamente 7 minutos de cada lado, apenas para dourar sua parte externa. Sirva fatiada.

DICA

Faça furos efetivos na carne! Se você apenas perfurar a carne com a ponta da faca, na hora de assar, suas fibras vão se contrair, fechar o furo e espremer o provolone para fora.

Cupim na Coca

INGREDIENTES:

- 1 pedaço de Cupim de aproximadamente 2 Kg;
- 200 g de azeitonas pretas chilenas cortadas em pedaços compridos;
- 200 g de queijo parmesão cortado em fatias grossas como palito;
- 300 g de bacon cortados em tiras grossas como palito;
- 1 litro de coca-cola;
- Sal grosso a gosto.

MODO DE PREPARO:

Com o auxílio de uma faca fina e bem afiada, faça alguns furos dos dois lados da peça de Cupim. Tempere a peça com o sal grosso e preencha os buracos feitos com os "palitos" como recheio, intercalando-os.

Deixe a carne na marina de coca com o sal por aproximadamente 40 minutos antes de levar pra churrasqueira. Já na brasa, molhe a carne com a marinada de 10 em 10 minutos durante aproximadamente 3 horas ou até atingir o ponto desejado. Sirva em seguida.

DICA

Para descobrir o ponto da carne sem cortar, pressione-a com as costas de um garfo. Regra geral: quanto mais macia, menos passada; quanto mais firme, mais passada.

Cupim Brasado

INGREDIENTES:

- 1 pedaço de Cupim de aproximadamente 1,5 Kg;
- 1 cubo de caldo de legumes;
- 1 folha de louro;
- 1 ½ xícara (chá) de farinha de mandioca torrada;
- ½ pimenta dedo de moça inteira;
- 10 grãos de pimenta-do-reino branca;
- 3 dentes de alho inteiros;
- Sal grosso a gosto.

MODO DE PREPARO:

Em uma panela de pressão, coloque o Cupim, o alho, as pimentas, o caldo de legumes e a folha de louro. Cozinhe por aproximadamente 1 hora após o início da pressão. Desligue o fogo e deixe esfriar. Corte a carne na espessura de 2 cm e coloque os pedaços na grelha de uma churrasqueira com fogo forte. Deixe dourar dos dois lados. Retire, coloque em uma tábua e corte em finas fatias ("tirinhas"). Corrija o sal, passe a carne na farinha e sirva de aperitivo.

Compartilhe sua experiência e opiniões acessando: **ivo.camargojr@gmail.com**

Torta de Cupim

INGREDIENTES:

- 1 pedaço de Cupim de aproximadamente 2 Kg;
- 1 cravo-da-índia;
- ½ colher (café) de louro em pó;
- ½ colher (café) de pimenta-do-reino preta moída;
- 3 colheres (chá) de alecrim desidratado;
- 3 dentes de alho descascados;
- 2 ½ xícara (chá) de vinho branco seco;
- ½ colher (sopa) de sal fino;
- 100 g de salame cru, tipo italiano, fatiado fino;
- 1 lata de milho verde em conserva;
- 1 lata de ervilhas em conserva;
- 100 g de queijo tipo muçarela fatiado;
- 100 g de presunto fatiado;
- 100 g de linguiça calabresa seca fatiada fina;
- 100 g de bacon fatiado.

MODO DE PREPARO:

Para a marinada, bata no liquidificador o louro em pó, a pimenta-do-reino, o alecrim, o alho, o vinho branco e o sal. Corte o Cupim paralelamente à base em cinco fatias e coloque em uma vasilha funda. Junte o cravo-da-índia à marinada e cubra com ela as fatias de Cupim. Deixe curtir por aproximadamente 5 horas.

No momento de assar, forre com a ponta de um rolo de papel-alumínio (sem destacá-la do rolo) o fundo de um "pirex". Sem cortar o papel-alumínio, coloque sobre o pedaço forrado da tigela uma fatia de Cupim. Sobre ela, o bacon, a linguiça calabresa, a muçarela, o presunto, a ervilha, o milho verde e, por último, o salame. Depois, outra fatia de Cupim e comece todo o processo novamente. Feche o "bolo" com a última fatia de Cupim. Cubra a tigela com o papel-alumínio e feche bem todas as laterais. Leve ao forno quente e preaquecido por aproximadamente 5 horas e sirva em seguida fatiado.

Cupim a Maionese

INGREDIENTES:

- 1 pedaço de Cupim de aproximadamente 2 Kg cortado em pedaços;
- 1 ½ xícara (chá) de katchup;
- 1 pote de maionese;
- 4 dentes de alho picados em rodelas;
- ½ colher (chá) de sal

MODO DE PREPARO:

Tempere a carne, de todos os seus lados, com o katchup, a maionese, o alho e o sal. Coloque a peça em uma assadeira e leve-a ao forno médio, preaquecido, durante aproximadamente 2 horas. Retire a carne do forno, fatie e sirva em seguida.

Cupim ao Leite

INGREDIENTES:

- 1 pedaço de Cupim de aproximadamente 1,5 Kg;
- 3 folhas de louro;
- 1 cebola média picada;
- 3 dentes de alho amassados;
- 1 litro de leite fervente;
- 1 colher (sopa) de manteiga
- Sal, pimenta-do-reino preta e cheiro-verde picado a gosto.

MODO DE PREPARO:

Lave e enxugue bem o Cupim. Faça um tempero com a cebola, a pimenta, o louro, o alho amassado e o cheiro-verde. Corrija o sal. Esfregue bem esse tempero na carne, espetando a peça com um garfo para melhor penetração. Coloque a carne em uma tigela funda e cubra com o leite, que já deve estar frio. Leve a tigela ao congelador por 3 dias. Retire e deixe descongelar naturalmente na geladeira, de um dia para o outro.

Tire o Cupim do leite, coloque-o em uma assadeira untada com manteiga, regue com um pouco do caldo, cubra com papel-alumínio também untado e asse por aproximadamente 3 horas e 30 minutos em forno médio. Tire o papel-alumínio e deixe dourar por mais aproximadamente 10 minutos. Fatie a carne e sirva em seguida.

Cupim no Grill

INGREDIENTES:

- 1 pedaço de Cupim de aproximadamente 2 Kg;
- 2 cebolas médias cortadas em rodelas;
- 2 tomates grandes cortados em rodelas;
- ½ xícara (chá) de azeitonas picadas;
- 1 lata de milho em conserva;
- 1 lata de ervilha em conserva;
- 2 pimentões grandes cortados em rodelas;
- 2 dentes de alho amassados;
- 1 ½ xícara (chá) de molho de tomate;
- 3 batatas grandes cortadas em rodelas;
- 1 xícara (chá) de azeite virgem;
- Sal grosso a gosto.

MODO DE PREPARO:

Tempere o Cupim de um dia para o outro com o sal grosso e 2 dentes de alho amassados. Frite a carne em ½ xícara (chá) de azeite com 1 dente de alho amassado. Deixe dourar. Corte o Cupim em fatias com espessura de aproximadamente 1 cm. Em uma panela, espalhe o restante do azeite. Coloque as rodelas de batata e, posteriormente, o Cupim fatiado. Cubra com as cebolas, o pimentão, o tomate, o milho, a ervilha, a azeitona. Acrescente, logo em seguida, o molho de tomate. Tampe e deixe cozinhar no vapor por aproximadamente 50 minutos. Após os 50 minutos, retire a tampa e deixe por mais aproximadamente 20 minutos. Sirva em seguida.

DICA

Não jogue fora a casca da batata. Frite em óleo quente, tempere com sal e sirva como aperitivo.

Cupim Desfiado

INGREDIENTES:

- 1 pedaço de Cupim de aproximadamente 1 Kg;
- ½ litro de shoyu;
- ½ Kg de moyashi (broto de feijão);
- ½ Kg de batata palha;
- 3 cebolas médias cortadas em rodelas finas;
- 500 g de margarina;
- Sal a gosto.

MODO DE PREPARO:

Cozinhe o Cupim em uma panela de pressão por aproximadamente 35 minutos após iniciar o chiado. Depois, retire-o e deixe esfriar para logo após desfiá-lo.

Refogue a cebola na margarina e, logo que estiver dourando, acrescente o Cupim desfiado, o moyashi e o shoyu e mexa. Retire do fogo antes que a mistura comece a grudar na panela e em seguida adicione a batata palha. Mexa novamente e sirva em seguida.

Sanduíche de Cupim

INGREDIENTES:

- 1 pedaço de Cupim de aproximadamente 1 Kg cortado em fatias grossas;
- 1 pacote de caldo de carne em pó;
- 300 ml de água fervente;
- 6 colheres (sopa) de shoyu;
- 150 g de queijo tipo muçarela fatiado;
- 2 cebolas grandes fatiadas grosseiramente;
- ½ xícara (chá) de azeite;
- Pão francês.

MODO DE PREPARO:

Cubra o fundo de uma panela de pressão com o azeite e as fatias de cebola. Coloque metade da carne, cubra com mais fatias de cebola, o restante da carne e mais cebolas. Salpique o pacote de caldo de carne em pó, a água fervente e o shoyu. Tampe a panela. Depois que pegar pressão, mantenha em fogo médio por aproximadamente 30 minutos. Desligue o fogo, espere sair a pressão e desfie a carne. Monte o sanduíche colocando a carne desfiada no pão francês e cobrindo com fatias de queijo.

DICA

Se você é realmente amante de shoyu e nesta receita quiser potencializar o seu sabor, basta misturá-lo, antes de seu uso, a uma colher (chá) de pimenta-do-reino e outra de açúcar.

PESCOÇO

Apesar de ser considerado de "terceira", a carne de Pescoço tem suas vantagens: o preço — é um dos cortes mais baratos e econômicos do dianteiro — e as fibras bem irrigadas de gordura e tecido conjuntivo. É a continuação do peito e, por isso, tem formação muscular semelhante ao mesmo e pode ser usado nos mesmos tipos de pratos. Também chamada de cogote (espanhol), collier (francês) ou neck (inglês), a carne de Pescoço necessita de cozimento longo em calor úmido. Pode ser utilizada em sopas, guisados, cozidos, caldos, refogados, ensopados, enrolada com temperos ou assada na panela com molho.

Meat Korma

INGREDIENTES:

- 1 pedaço de Pescoço bovino de aproximadamente 300 g cortado em cubos;
- 1 xícara (chá) de água;
- 6 sementes de cardamomo;
- 1 colher (café) de canela em pó
- 1 colher (chá) de coentro em pó;
- 1 colher (chá) de curry em pó;
- 1 colher (chá) de páprica doce;
- 3 colheres (sopa) de leite de coco;
- 1 xícara (chá) de iogurte natural;
- 2 colheres (sopa) de azeite;
- ½ cebola média ralada;
- ½ xícara (chá) de polpa de tomate;
- 2 colheres (chá) de alho moído;
- 2 colheres (chá) de gengibre moído;
- 6 cravos;
- 1 ½ xícara (chá) de creme de leite;
- Sal a gosto.

MODO DE PREPARO:

Em uma panela, aqueça o azeite e coloque a canela, o cravo e o cardamomo. Misture tudo por um minuto. Acrescente a cebola e deixe fritar bem. Junte o gengibre e o alho misturando bem até dourar. Coloque a carne e também o curry, o coentro e a páprica doce. Refogue até apurar. Adicione a polpa de tomate, a água e o iogurte misturando bem. Cozinhe em fogo brando por aproximadamente 50 minutos ou até a carne ficar macia. Acrescente o leite de coco e o creme de leite e mexa até o molho ficar cremoso. Sirva em seguida.

Caldo com Pescoço e Massa de Queijos

INGREDIENTES:

- 1 pedaço de Pescoço de aproximadamente ½ Kg cortado em cubos;
- 150 g de queijo parmesão ralado;
- 150 g de farinha de rosca peneirada;
- 1 xícara (chá) de água gelada;
- 3 claras misturadas;
- 3 cascas de ovo esmigalhadas com as mãos;
- 2 tabletes de caldo de carne dissolvidos em 2 litros de água;
- ½ xícara (chá) de molho shoyo;
- ¼ xícara (chá) de molho inglês;
- 1 talo de salsão cortado em cubos;
- 4 ovos;
- 1 colher (sopa) de óleo;
- 1 cebola média picada;
- 2 dentes de alho amassados;
- 4 cravos-da-índia;
- Sal, cheiro-verde picado, alecrim, tomilho, noz-moscada ralada e pimenta-do-reino a gosto

MODO DE PREPARO:

Para preparo da massa, em uma tigela coloque o queijo parmesão, a farinha de rosca, o alecrim, o tomilho e a noz-moscada. Tempere com sal e pimenta--do-reino e misture bem. Adicione os ovos mexendo com um garfo. Com as mãos, misture bem até obter uma massa homogênea e compacta. Transfira essa massa para um espremedor de batatas e reserve.

Em uma panela de pressão coloque o óleo, o alho, a cebola e a carne. Doure bem. Adicione o caldo de carne, o molho inglês, o salsão, o molho de soja e os cravos da-índia. Corrija o sal, tampe a panela e quando pegar pressão deixe cozinhar por aproximadamente 1 hora e 15 minutos. Retire a pressão, retire a carne e reserve.

Ao caldo do cozimento acrescente a água gelada e as claras com as cascas de ovo esmigalhadas. Volte a panela ao fogo e deixe ferver por 5 minutos. Coe o caldo numa peneira forrada com um pano de prato limpo.

Volte o líquido para o fogo e adicione a carne cozida reservada.

Sobre o caldo fervente esprema aos poucos a massa de queijo (reservada no espremedor de batatas) e vá passando uma faca no espremedor para cortar a massa no tamanho desejado. Cozinhe por 1 minuto. Corrija o sal, retire do fogo e sirva em seguida com cheiro-verde picado.

Escaldado

INGREDIENTES:

- 1 pedaço de carne de Pescoço bovina de aproximadamente 1 Kg;
- 1 cebola média;
- 2 dentes de alho;
- 2 ½ litros de água;
- 4 ovos;
- 2 colheres (sopa) de farinha de milho amarela;
- Sal e pimenta-do-reino branca a gosto.

MODO DE PREPARO:

Coloque a carne em uma panela com a água.

Acrescente a cebola picada, o tomate e os dentes de alho inteiros. Tempere com sal e pimenta. Leve ao fogo, em panela de pressão, e deixe cozinhar até que a carne esteja macia. Isso pode demorar aproximadamente 1 hora e 15 minutos. Retire a carne e os pedaços de tomate e cebola do caldo. Reserve a carne e amasse com um garfo as cebolas e os tomates. Retire as cascas do tomate. Retorne à panela os temperos amassados. Quebre os ovos e coloque-os no caldo para cozinhar. Engrosse o caldo com a farinha de milho e deixe cozinhar por aproximadamente 10 minutos.

Sirva o caldo sobre a carne com os ovos, bem quente.

DICA

No momento do uso dos ovos, quebre-os em um recipiente à parte. Assim, se eles não estiverem bons, não estragarão o caldo e nem a receita.

Cozido de Pescoço

INGREDIENTES:

- 1 pedaço de carne do Pescoço de aproximadamente 3 Kg ;
- ½ Kg de tomate bem maduro;
- 1 cenoura média;
- 4 espigas de milho verde;
- ½ Kg de batata inglesa;
- ½ Kg de mandioca;
- 4 xícaras (chá) de óleo;
- 1 litro de água;
- Sal, pimenta, alho e cheiro-verde a gosto.

MODO DE PREPARO:

Tempere a carne bovina em uma bacia com pimenta, sal e alho.

Em uma panela grande, frite a carne até ficar bem dourada, pingando água para dourar bem. Após esse processo escorra bem a gordura.

Acrescente todos os outros ingredientes cortados em pedaços grandes, cubra com água todo o conteúdo da panela e deixe ferver por aproximadamente 2 horas. Transfira a carne para uma travessa e sirva junto aos legumes.

DICA

Quando a carne estiver quase soltando do osso, é sinal de que o prato está pronto.

Guisado com Cará

INGREDIENTES:

- 1 pedaço de Pescoço bovino de aproximadamente 1 Kg cortado em cubos grandes;
- 4 carás descascados e picados;
- 1 dente de alho amassado;
- 2 colheres (sopa) de purê de tomate;
- 2 colheres (sopa) de coentro em pó dissolvidos em 4 xícaras (chá) de água quente;
- 2 cenouras em rodelas grossas;
- 1 colher (sopa) de óleo;
- 1 cebola média picada;
- Sal, louro e cominho a gosto.

MODO DE PREPARO:

Em uma panela de pressão, aqueça o óleo, refogue a cebola e o alho, junte a carne e deixe dourar. Junte o purê e o coentro. Cozinhe em fogo alto por aproximadamente 1 hora após o início da pressão. Desligue o fogo e acrescente o cará e a cenoura. Cozinhe por mais aproximadamente 5 minutos novamente na pressão. Retire a pressão e a tampa da panela e sirva em seguida.

Compartilhe sua experiência e opiniões acessando: **ivo.camargojr@gmail.com**

Vaca Atolada

INGREDIENTES:

- 3 tabletes de caldo de Costela dissolvidos em 2 xícaras (chá) de água fervendo;
- 3 tomates médios cortados em cubinhos;
- 1 colher (chá) de colorau;
- 3 cebolas médias cortadas em pétalas;
- 3 dentes de alho;
- 1 Kg de mandioca cascada e picada;
- 1 colher (chá) de chumi-churri;
- 2 colheres (sopa) de vinagre;
- ½ xícara (chá) de cheiro-verde;
- Sal e pimenta a gosto.

MODO DE PREPARO:

Para o preparo da mandioca, descasque-a e corte em pedaços de aproximadamente 5 cm. Coloque em uma panela grande, cubra com água e deixe cozinhar. Quando já estiver macia, retire da água com a ajuda de uma escumadeira e reserve.

Leve uma panela de pressão ao fogo e deixe aquecer bem. Coloque a carne e deixe quieta nos primeiros 15 minutos. Assim que começar a fritar, mexa com uma colher de pau e acrescente as cebolas, o alho, o colorau, o vinagre e o chumi-churri. Mexa bem e tempere com pimenta e sal. Junte os tomates e o caldo de carne. Refogue bem. Mexa, tampe e deixe na pressão por aproximadamente 30 minutos após o início do chiado. Assim que desligar o fogo, coloque a mandioca e deixe ferver e tomar gosto por aproximadamente 15 minutos. Desligue, acrescente o cheiro-verde, acerte o sal e sirva.

Sopa de Portugal

INGREDIENTES:

- 1 pedaço de Pescoço bovino de aproximadamente ½ Kg cortado em cubinhos;
- 2 xícaras (chá) de inhame cortados em cubinhos;
- 1 xícara (chá) de abóbora cortada em cubinhos;
- 1 xícara de berinjela cortada em cubinhos;
- 1 xícara de abobrinha verde (tipo italiana) cortada em cubinhos;
- 1 xícara (chá) de salsa picada;
- ½ xícara (chá) de coentro;
- 1 xícara (chá) de cebolinha picada;
- 1 xícara (chá) de bacon cortados em cubinhos;
- 2 tabletes de caldo de carne;
- 1 xícara (chá) de queijo minas picado;
- 2 xícaras de feijão branco;
- 4 dentes de alho amassados;
- 2 batatas grandes cortadas em cubinhos;
- 1 xícara (chá) de aipim cortados em cubinhos;
- 1 tomate cortado em cubinhos;
- ½ pimentão cortado em cubinhos;
- 2 cebolas médias cortadas em cubinhos;
- 4 colheres (sopa) de azeite de oliva;
- 1 xícara (chá) de folhas de escarola picadas bem miudinha;
- Sal a gosto

MODO DE PREPARO:

Coloque o feijão de molho e cozinhe-o com a carne de boi, de preferência em panela de pressão, por aproximadamente 50 minutos. Quando o feijão estiver macio, acrescente todos os legumes que foram cortados no mesmo formato e os caldos de carne. Deixe no fogo por mais aproximadamente 10 minutos após o início da fervura.

Coloque em uma frigideira à parte o bacon para fritar. Quando estiver no ponto, escorra a gordura dele e coloque no lugar o azeite de oliva. Acrescente o alho amassado e deixe dourar, então despeje na panela da sopa. Em seguida, coloque o pimentão, a cebola, a escarola, o tomate, os temperos verdes e o queijo picado. Mexa e deixe cozinhar por aproximadamente 5 minutos. Desligue o fogo e sirva em seguida.

Projeto gráfico e direção de arte: Marco Tulio Grandi
Coordenação e editoração: Caroline A. Camargo
Assistente editorial: Hellen Cristine Campos dos Reis
Revisão e preparação: Verba Editorial

dasheditora
www.editoradash.com.br